*2015 v. Fr. Glock
zum 81. Geburtstag*

Eine feine Wunderkammer

Kleine Schätze nur für dich

ausgewählt und zusammengestellt
von Guido Heller

illustriert mit Wunderkammern
von Beatrix Mahlow

GUTEN MORGEN MEIN ENGEL

Guten Morgen
mein Engel
öffne die Augen
streif ab
die Reste
der Nacht
der Tag
will dir zeigen
die Wunder
der Welt
den Vogel
der segelt
die Blume
die lächelt
den Freund
der dich tröstet
und zu dir hält
er will
dir singen
ein Lied
von den kleinen Dingen
die wundervoll sind

Peter Schiestl

Eine feine Wunderkammer

LIEBE LESERIN, LIEBER LESER,

feine Wunderkammern – wer denkt da nicht an prachtvolle Bibliotheken barocker Klöster, an die wunderlichen Sammlungen humanistischer Gelehrter, an Kuriositäten, Preziosen und Fundstücke aus fernen Ländern in großen Museumsschränken. Gesehen habe ich aber auch eine in Meersburg am Bodensee, liebevoll und bescheiden im Drostemuseum, oder – gefüllt mit Gelehrsamkeit und Erhabenheit – in Weimar, eine andere mit schillernden Käfern und Schmetterlingen in Wilflingen auf der Schwäbischen Alb.

Was alle gemeinsam haben: Sie beherbergen Fundstücke, die von ihren Sammlern besonders geschätzt wurden. Und der, der sie betrachtet, ist nicht selten berührt, wird beflügelt und geht staunend weiter.

Bei so viel Großartigkeit mag der ein oder andere nachdenklich werden und sich fragen, ob es nicht auch ein wenig kleiner geht. Tatsächlich glaube ich, dass wir alle unsere kleinen Wunderkammern tagtäglich füllen, pflegen und uns an ihnen freuen. Da findet sich nicht wertvolle Kunst und auch nicht das Exotische. Ganz im Gegenteil. Es sind eher die kleinen Dinge, scheinbar wertlose Fundstücke, die zu uns sprechen in ihrer eigenen stillen und feinen Art.

Dieses Buch möchte Sie einladen, Ihre persönliche Wunderkammer noch etwas aufzufüllen und Wunder des Alltags zu entdecken: Ein Lächeln, eine Blume, einen besonderen Stein, die eigenen Augen und Ohren. Vertrauen Sie auf Ihre Sinne, sammln sie, füllen sie täglich ihre inneren Schatzkammern und freuen Sie sich daran.

Ganz besondere Wunderkammern schafft die Künstlerin Beatrix Mahlow. In ihren zauberhaften Kunstwerken erschafft sie Traum- und Wunderwelten, die die Fantasie beflügeln. Viele kleine Fundstücke, weiterbearbeitet, ergänzt oder verfremdet lassen den Betrachter neugierig werden und nehmen ihn mit auf eine Reise in ganz außergewöhnliche Landschaften. Wem kommen da nicht Erinnerungen an fast vergessene Paradiese und das Glücksgefühl diese verzauberten Orte wiedergefunden zu haben.

Doch treten Sie ein, entdecken Sie die versprochenen Lebensschätze und lassen Sie sich verzaubern von Kleinoden, die das Herz leichter und die Seele lichterfüllter machen.

Ihr Guido Heller

SOMME~~RTRÄU~~ME

Der Sommer trägt ein Lichtgewand
mit Rosen, die nicht welken.
Er schreitet übers Wiesenland,
streut Mohn und wilde Nelken.

Der Sommer trägt ein Silberkleid,
bestickt mit Funkelsternen.
Das breitet er im Dunkeln aus,
lockt uns in weite Fernen.

Der Sommer lehnt am Ackerrain,
er lädt uns ein zum Träumen.
Wir werden eins mit Strauch und Stein,
mit Blatt und Moos und Bäumen.

Barbara Cratzius

Eine feine Wunderkammer

BLUMENWUNDER

dotterblumengelber ginster
rosa blütenschäume
weiße anemonen
blumenübersäte wiesen
zarte knospen
und ein meer von himmelsschlüsseln
dargeboten von der erde
leuchtend hell –
um uns den himmel
zu entschlüsseln

Astrid Hofmann

GARTENVISION

Es gingen vorüber
die Engel.
Und Haupt an Haupt
blüht der Holunder.

Es gingen vorüber
die Engel.
Und Lilien
kuppeln sich blau.

Sie wirkten ein
sommerlich duftendes
Wunder.

Und schwanden in
Tau und Morgengrau.

Isolde Lachmann

EINE GUTE NACHT WÜNSCH ICH FÜR DICH:

Heute
sollst du
in der silbernen Sichel des Mondes sitzen,
mit den Beinen baumeln,
alles von oben sehen,
winzige
Spielzeugkostbarkeiten,
und nur Luft um dich schmecken,
Windhauch.
Zum Tag hinab
nichts
als ein
Spinnwebenband.

Margret Roeckner

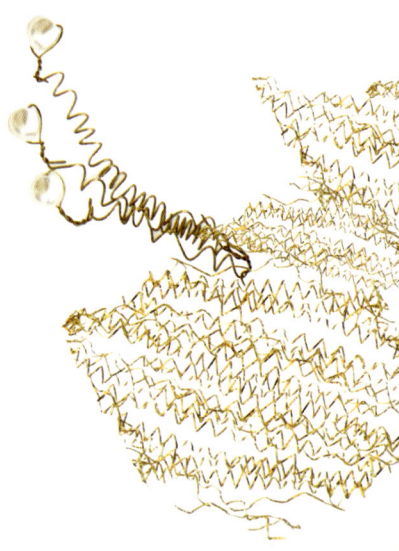

Eine feine Wunderkammer

DER TAG

Manchmal
wäscht er
ein wenig Gold
aus den dahinfließenden
herabrieselnden
tröpfelnden
Stunden,
ein Lächeln
vor die Füße gespült,
dem,
der Stille genug
in sich trägt
hinab
zu
blicken.

Isabella Schneider

WIE IM MÄRCHEN

Und auch am letzten Abend das immergleiche Schauspiel: die Sonne versinkt hinter dem Stadtschloss, der Himmel errötet, die Festbeleuchtung an der Donau beginnt. Erst erstrahlt die kleine Kirche nah am Ufer, dann das Dreieck bei der Kuppel, und von dort aus breitet sich das goldene Licht gemächlich aus, bis es das ganze Schloss erleuchtet. Auch die Kettenbrücke funkelt, einer Lichterkette gleich, und ihre Trägersäulen strahlen zunächst grünlich, später gülden, und ihr Licht vermischt sich himmlisch mit dem Himmelblau der Donau, den Laternen und den feuerroten Rücklichtern der Autos.

Alles leuchtet wie im Märchen, zauberhaft und traumhaft schön.

Astrid Hofmann

GUTE TRÄUME

Gute Träume haben mich
mit den Strahlen der Morgensonne
gestreichelt,
schon mal eine Tasse Hoffnung getrunken,
der Mutlosigkeit
die rote Karte gezeigt.

Komm doch flüstern
sie nun verheißungsvoll:

Auch dieser eine Tag
ist dein Leben.

Cornelia Elke Schray

LAND DER TRÄUME

Aus dunklen Wolken
regnet es
leuchtende Sterne
der Freude
verwandeln sich
in luftig bunte Falter
des Lächelns
entlocken
der Seele
das Lied
das von
Zuversicht singt
lass dich
tragen dahin
ohne Anfang
und Ende
ins Land
der bunten Träume

Peter Schiestl

SCHMETTERLINGSZEIT

Die Schmetterlinge
sind ganz kleine Vögel
guck doch
sagte das Kind
sie fliegen und flattern
und schaukeln im Wind.

Sie singen bestimmt auch
ganz kleine Lieder
aber wir hören sie nicht
sagte das Kind
weil unsere Ohren
zu groß dafür sind.

Anne Steinwart

DAS OHR AUF EMPFANG

Wir sind mit zwei wunderbaren Muscheln beschenkt worden, die sich gebildet haben, längst bevor wir zur Welt kamen. Mit harmonischen Rundungen, mit Wölbungen, kleinen Nischen und Höhlen, die alle Arten von Geräuschen einfangen und weiterleiten. Welch großartige Erfindung! Leih mir dein Ohr, sagen wir – oder denken es zumindest, wenn wir jemandem eine Botschaft überbringen wollen. Hör mir zu, bitten wir. Ein solcher Wunsch wäre ohne Ohren unerfüllbar. Doch uns geht es gut, auch jenen, die ihre Ohren gern ein bisschen anders geformt haben möchten. Auch sie können Musik hören, einem Gedicht lauschen, ein gutes Wort vernehmen. Aber auch das Quietschen eines Motorrades und andere Geräusche einer drohenden Gefahr entgehen den Ohren nicht und das rettet uns vielleicht einmal das Leben. Ganz Ohr sein! Welche Wohltat, zwischendurch mit den Händen die Ohrmuscheln leicht zu massieren und dankbar zu wissen: Ich höre!

Vreni Merz

TRAUM

am rande des himmels
liegen verstreut
blaue steine

wir sammeln sie
und bauen aus ihnen
ein haus

die ganze stadt
aus blauen steinen
aus lapis und aquamarin

die tore aus gold
von engeln
bewacht

Helena Aeschbacher-Sinecká

ICH SEHE WAS, WAS DU NICHT SIEHST

Eins ein Sommersonnensieb,
eins ein Windbrautschleier,
eins eine Tautropfenhängematte,
eins ein Altweiberhaargespinst,
eins ein Herbstwiesentüchlein,
eins ein Silberseidensegel,
eins eine Endlosfadenvernetzung

alle sieben zusammen und jedes für sich:
ein einzigartiges Kunstwerk!

Angelika Wolff

MIT SORGFALT

den Sommer über ausgewichen
ein okkupierter Ort im Garten
im Winter holten wir
dann das Wespennest
aus dem Baum ein
papiernes Gehäuse zwischen
den Ästen leer und leicht
zu tragen eine Arbeit
ohne Verdienst aber Kunst
hielt so lange es halten mußte

Hans Georg Bulla

DAS STAUNEN NICHT VERLERNEN

Gibt es das? Ein Lebensrezept, das immer passt, immer gelingt, das wiederholbar ist mit einem bestimmten Resultat? Wohl eher nicht, jedenfalls keins im Sinne von „Man nehme". Aber es gibt sie, die „Zutaten", die das Leben erfüllter und bunter machen. Da ist der Wunsch, offen zu bleiben für Neues, neue Erfahrungen, neue Erkenntnisse. Die Schätze heben, die Dichtung und Literatur bereithalten und die schier unerschöpflich sind. Die Kraftquellen nutzen und genießen, die in Kunst und Musik sich bieten. Wann immer es geht, etwas Neues schaffen: ein Gedicht, ein Lied, eine Geschichte, oder auch ein Bild, ein Rezept, ein Rosenbeet. Ein kleines Stück von mir selbst. Das Schöne nicht übersehen und überhören, das so nah ist:

Das Schauspiel des Sonnenuntergangs,
Abendlied der Amsel,
weiter Sternenhimmel.

Der Zauber einer gerade erblühten Rose,
Baumschattenkraft im Sommer,
leuchtende Farben im Herbst.

Frisch gefallener Schnee,
erste Christrosen,
behagliche Winterabende.

Das Staunen nicht verlernen
über die kleinen täglichen Wunder.

Wilma Michler

SPIEGEL DER TIEFE

tiefsee
unerreichbare tiefe
tausende von jahren
tausende von metern
dunkles geheimnis
leben im ewigen versteck

plötzlich steigt
eine glänzende welle
auf die oberfläche

der funke im wasser
das spiegelbild der tiefe
der stern
aus der verborgenen welt

Helena Aeschbacher-Sinecká

SOMMER – ERLEBEN

Setz' dich auf eine sonnengestreichelte
warme Holzbrücke.
Lass Beine und Seele baumeln.
Schau' im Gegenlicht auf das
leicht bewegte Wasser
und nimm wahr, wie kleine Wellen
Wunderkerzengefunkel mitbringen.
Staune über dieses Natur-Wasser-Feuerwerk!
Leg' dazu deine Gedankenwellen und
lass' sie mitziehen im Anrollen und
Vergehen, Leuchten und Verglühen,
Kommen und Gehen, Gehen und Kommen.

Barbara Borkert

SILBER UND GOLD

Solche Tage sind wie ein Geschenk.
Man kann es nicht fassen,
dass doch noch die Sonne einmal
über allem liegt und alles so zart durchlichtet.
Nach einem Sommer, der keiner war,
liegt sie wie ein heilsames, leises Lächeln
über dem Tag und taucht ihn in Gold.
Der Fluss liegt da wie ein silbernes Band.
Einen Moment lang
denk' ich daran eine Flaschenpost aufzugeben
mit all' diesem Glück darin.

Silvia Droste-Lohmann

Eine feine Wunderkammer

IMMERWÄHREND

himmel sehen
himmel haben
sonne sehen
sonne haben
blume sehen
blume nehmen
es wächst
es regnet
wir haben
wir nehmen
wir brauchen
wir säen
wir ernten
wir sind nicht das wasser
wir sind nicht die erde
wir sind nicht die sonne
wir sind nicht das wachstum

Ursula Kramm Konowalow

KNOSPE

Es kommt die Zeit,
da wird sie Blüte sein,
ein Wunder ist in ihr verborgen.
Noch eine Weile wird sie
fest verschlossen sein,
doch öffnet sie sich vielleicht morgen.

So wie ein Kind wirst du
die Blüte dann bestaunen,
ob ihrer Farbe, Form und Pracht.
Nicht die Natur allein war es
mit einer ihrer Launen,
die einzigartig sie gemacht.

Carola Merkel

DANKBARKEIT

Selbstverständlich ist nichts,
weder dass tags die Sonne scheint
und der Mond in der Nacht,
noch dass du Wasser hast
im Überfluss und Brot,
weder dass deine Augen sehen
und deine Ohren hören,
dass deine Hände greifen können
nach den vielfältigen Gaben der Erde,
noch dass du lebst in Gesundheit,
dass du Worte hast und Gesten,
dich auszudrücken,
dass du lachen kannst und weinen
und Freude teilen mit Menschen,
die dir nahe sind.
Nichts ist selbstverständlich.
Dein Leben ist geschenkte Zeit.
Nimm sie an in Dankbarkeit.

Claudia Binzberger

Eine feine Wunderkammer

ZWIEGESPRÄCH EINER MUTTER

Kleiner Mensch,
so lang auf dich gewartet,
von dir geträumt,
an dich gedacht.
Dich schon geliebt,
noch ehe du
auf diese Welt kamst.
Kleiner Mensch,
endlich bist du da!
Hab nicht gewusst,
ob hellblau oder rosa,
hab nicht gewusst,
ob kahl dein Köpfchen
oder schon gelockt.
Hab dich nicht ausgesucht
nicht ausgerechnet
und nicht gefragt,
ob deine Gene stimmen.
Kleiner Mensch in meinem Arm,
nun weiß ich es,
weiß, dass du einzig bist.
Dein süßes Lächeln
macht mich stumm.

Sabine Ulrich

VOLLER WUNDER

Danke für dies
wunderbare Kind
für dieses Wunder
in den Sternenaugen
fürs Lächeln
das zunächst mir gilt
und hoffentlich
das ist mein Wunsch
einmal den bunten Farben
deines Lebens
jeden Tag
mein Kind

Eva-Maria Leiber

VOR TAU UND TAG

Im Tau erscheint
silbern das Spinnenrad.

Die Schnecken beschriften
silbern das Blatt.

Und eine Amsel rollt
silbern ihr Lied.

Was doch vor Tag
alles silbern geschieht!

Isolde Lachmann

Eine feine Wunderkammer

GESCHENK

Kinderaugen
Sterne und Blumen
Sind uns aus dem Paradies geschenkt.
Und Sonnenblumen.

An ihren wärmenden Strahlen
hängt noch der Glanz
der Schöpferhände,

die unzählige kleine Sonnen
wachsen lassen
damit sie Menschenherzen erwärmen.

Maria Stiefl-Cermak

ZUTATEN FÜR EINE AMARYLLISBLÜTE

Eine Schrumpelzwiebel, braun
mit losen Schichten feiner Häutchen
aus Raschelpergament.

Ein Topf, am liebsten irden,
Erde, Wasser, Wärme, Licht,
Geduld, Geduld, sehr viel Geduld!

Jetzt Wurzeln, unsichtbare Anker,
Blätter schieben grün ans Licht,
wachsen, wachsen, wachsen…
lassen.

Endlich!
Blütenstängel knospig schlank,
herzrote Freude
ein Blumenstern wie Samt
so schön, ein Wunder!

Wer hätte das der Zwiebel zugetraut?!

Angelika Wolff

ZUR MITTE

Im wohltuenden Innehalten
die Mitte in sich entdecken
die immer schon auf uns wartet
als göttliche Lebenskraft

Im langsamen Gehen
mit staunendem Blick
die großen Lebenswunder erkennen
die da sind als Wegbegleitung

Im verweilenden Dasein
sich zentrieren
auf alles und nichts
auf Leere und Fülle

Im achtsamen Wahrnehmen
einen neuen Durchblick erhalten
der erinnert an die befreiende Wirklichkeit
dass alles Wesentliche schon da ist

Pierre Stutz

Mit Texten von:
Helena Aeschbacher-Sinecká: S. 18, 24 © bei der Autorin. **Claudia Binzberger:** S. 30 © bei der Autorin. **Barbara Borkert:** S. 25 © bei der Autorin. **Hans Georg Bulla:** S. 21 © beim Autor. **Barbara Cratzius:** S. 6 © Hartmut Cratzius. **Silvia Droste-Lohmann:** S. 26 © bei der Autorin. **Astrid Hofmann:** S. 8, 13 © bei der Autorin. **Ursula Kramm Konowalow:** S. 28 © bei der Autorin. **Carola Merkel:** S. 29 © bei der Autorin. **Isolde Lachmann:** S. 9, 34 © Dr. Matthias Lachmann. **Eva-Maria Leiber:** S. 33 © bei der Autorin. **Vreni Merz:** S. 17 © Debora Reichmut-Merz. **Wilma Michler:** S. 22f. © bei der Autorin. **Margret Roeckner:** S. 10 © bei der Autorin. **Peter Schiestl:** S. 2, 15 © beim Autor. **Isabella Schneider:** S. 12 © bei der Autorin. **Anne Steinwart:** S. 16 © bei der Autorin. **Maria Stiefl-Cermak:** S. 36 © bei der Autorin. **Cornelia Elke Schray:** S. 14 © bei der Autorin. **Pierre Stutz:** S. 39 © beim Autor www.pierrestutz.ch. **Sabine Ulrich:** S. 32 © bei der Autorin. **Angelika Wolff:** S. 20, 37 © bei der Autorin.

Zu den Illustrationen:
Hierbei handelt es sich um kunstvoll gearbeitete Traum- und Wunderkammern von **Beatrix Mahlow**. Sie ist Goldschmiedin und lebt mit ihrer Familie am Bodensee. Nach ihrer Familien- und Berufstätigkeit arbeitet sie heute als freischaffende Künstlerin und Kunsttherapeutin.

....

Bibliographische Information der Deutschen Nationalbibliothek:
Die Deutsche Nationalbibliothek verzeichnet diese Publikation in der
Deutschen Nationalbibliographie; detaillierte Daten sind im Internet über
http://dnb.d-nb.de abrufbar.

....

ISBN 978-3-86917-308-5
© 2014 Verlag am Eschbach der Schwabenverlag AG
Im Alten Rathaus/Hauptstraße 37
D-79427 Eschbach/Markgräflerland
Alle Rechte vorbehalten.

www.verlag-am-eschbach.de

Gestaltung, Satz und Repro: Angelika Kraut, Verlag am Eschbach
Schriftvorlagen: Monika Pellkofer-Grießhammer, Ahorntal
Herstellung: Süddeutsche Verlagsgesellschaft, Ulm

 Dieser Baum steht für klimaneutrale Produktion, umweltschonende Ressourcenverwendung, individuelle Handarbeit und sorgfältige Herstellung.